KYÛKYÛ-BAKO NO EHON
Text copyright © WILL 2023
Illustrations copyright © Mizumaru Kawahara 2023
All rights reserved.
Original Japanese edition published by KIN-NO-HOSHI SHA Co., Ltd. 2023
Korean language edition © RH Korea Co., Ltd. 2024
Korean translation rights arranged with KIN-NO-HOSHI SHA Co., Ltd. through Eric Yang Agency.

이 책의 한국어판 저작권은 에릭양 에이전시를 통해 저작권사와 독점 계약한 (주)알에이치코리아에 있습니다.
저작권법에 의해 한국 내에서 보호받는 저작물이므로 무단 전재와 복제를 금합니다.

바로바로
응급 처치

다쳤을 땐 이렇게 척척 응급 처치

윌어린이교육연구소 글   가와하라 미즈마루 그림
양지연 옮김   사카모토 마사히코 감수

주니어 RHK

다쳤을 땐 당황하지 말고 이렇게 해 보세요!

> 온 가족이 함께 읽어요!

코피가 날 때, 커터 칼에 손가락을 베였을 때,
뛰어가다가 넘어져서 무릎이 까졌을 때,
개에 물리거나 벌에 쏘였을 때
어떻게 해야 하는지 알고 있나요?
이 책은 응급 상황이 발생했을 때 해야 할
올바른 응급 처치 방법을 단계별로 소개하고
최신 치료법, 잘못 알려진 민간요법까지 알려 줍니다.
지금부터 응급 처치 방법과 사고 예방법을
하나씩 차근차근 배워 보세요.
여러분 스스로를 지키는 힘을 키울 수 있을 거예요!

> 문틈에 손가락이 끼어서 빨갛게 부었어.

책을 함께 읽는 어른들에게

아이와 함께! (4~41쪽)
생활 속에서 아이들에게 자주 발생하는 응급 상황을 보여 주고, 각 상황에 맞는 응급 처치 방법을 단계별로 알려 줍니다.

어른이 꼭 알아야 할 처치법 (42~47쪽)
생명이 위태로운 상황의 응급 처치 방법(하임리히법, 심폐 소생술)과 효과적인 상처 치료 방법을 소개합니다.

병원에 가야 하는 증상

이럴 땐 병원에 가요

서둘러 진료를 받아요

구급차를 불러요

의료 기관에 가서 진료받아야 하는 증상입니다. (바로!)라고 표시된 증상이 나타나면 즉시 병원에 가야 합니다. 진료 시간이 아니라면 응급실로 가세요.

'어른들에게' 코너에서는 서둘러 진료받아야 하는 증상과 구급차를 불러야 하는 증상을 좀 더 자세하게 알려 줍니다. 119 신고 접수 요령은 47쪽을 참고하세요.

차례

뛰어가다가 넘어져서 까졌어요! ········· 4
칼에 손가락을 베였어요! ············· 6
입안이 찢어졌어요! ·················· 8
주르륵! 코피가 나요! ················ 10
손에 가시가 박혔어요! ··············· 12
뜨거운 프라이팬에 데었어요! ········ 14
문틈에 손가락이 끼었어요! ·········· 16
뛰어 내려오다가 발목을 삐끗했어요! ·· 18
수영하다가 다리에 쥐가 났어요! ····· 20
우두둑! 팔이 부러졌어요! ··········· 22
넘어지면서 머리를 부딪쳤어요! ······ 24
넘어지면서 배를 부딪쳤어요! ········ 26
왈왈왈! 개에 물렸어요! ············· 28
위이잉! 벌에 쏘였어요! ·············· 30
식물을 만졌더니 피부가 가려워요! ··· 32
귀에 물이 들어갔어요! ·············· 34
생선 가시가 목에 걸렸어요! ········· 36
너무 더워서 머리가 어질어질해요! ··· 38
친구가 부들부들 떨어요! ············ 40

어른이 꼭 알아야 할 처치법

질식했을 때 응급 처치 ············ 42
물에 빠졌을 때 응급 처치 ········· 44
효과적인 상처 치료법 ·············· 46
알아 두세요 ······················· 47
  · 응급 상황일 때 도움받는 방법
  · 올바른 119 신고 접수 요령

우리 집 구급상자

일반 반창고, 습윤 밴드

붕대   거즈   의료용 테이프

바르는 약(연고)

상처에 바르는 연고   벌레 물린 데 바르는 연고

가위   핀셋   체온계

찰과상

뛰어가다가 넘어져서 까졌어요!

이럴 땐 병원에 가요
- 피가 멎지 않을 때 바로!
- 상처가 크고 깊을 때 바로!
- 상처에 이물질이 붙어서 떨어지지 않을 때 바로!
- 심하게 부어오르면서 노랗고 끈적한 고름이 나올 때 바로!

1 세균을 없애요

넘어져서 생긴 상처에는 먼지, 흙 같은 이물질이 붙어 있어요. 그대로 두면 이물질에 있던 세균이 상처 안으로 들어가서 곪을 수도 있으니, <mark>흐르는 물로 상처 부위를 깨끗이 씻으세요.</mark>

✗ 소독하지 마세요
약품으로 소독하면 세균만 없어지는 것이 아니라 정상 세포도 함께 손상돼요. 크고 깊은 상처가 아니라면 물로만 씻어도 충분해요!

2 피가 멎도록 꾹 눌러요

피가 날 때는 상처 부위에 <mark>거즈나 깨끗한 천을 대고 손으로 5분 정도 꾹 눌러 주세요.</mark>

3 반창고를 붙여요

<mark>피가 멎었다면 상처를 완전히 덮는 크기의 반창고를 붙이세요.</mark> 반창고는 설명서에 적힌 교체 주기에 맞추어 제때 바꿔 줘야 해요.

상처가 나으면서 얇은 딱지가 생겨요.

딱지는 상처 부위를 보호하는 역할을 해요. 딱지가 생기면 떼지 마세요!

어른들에게

가벼운 찰과상에는 습윤 요법을!

딱지가 생기면서 상처는 자연스럽게 아물지만, 흉터가 남을 수 있습니다. 그래서 요즘에는 상처 부위를 촉촉하게 유지해서 상처를 흉터 없이 빠르게 치료하는 습윤 요법을 권장합니다. 상처가 촉촉한 상태여야 피부 재생 세포가 활발하게 활동할 수 있기 때문입니다.

자세한 설명은 46쪽에서 확인하세요!

창상

칼에 손가락을 베였어요!

이럴 땐 병원에 가요
- 상처가 깊을 때 (바로!)
- 피가 멎지 않을 때 (바로!)
- 상처 부위가 부어오를 때

1 흐르는 물로 씻어요

커터 칼에는 세균이 많아요. 먼저 **흐르는 물로 상처 부위를 깨끗하게 씻어 세균을 없애세요.**

? 꼭 비누로 씻어야 하나요?
혹시라도 상처에 비누 성분이 남아 있으면 쉽게 낫지 않아요. 가벼운 상처는 흐르는 물로만 씻어도 충분하답니다!

2 상처 부위를 꾹 눌러요

거즈를 상처 위에 대고 5분 정도 눌러 주세요.
상태를 확인하려고 중간에 손을 떼면
피가 멎지 않을 수 있으니, 계속 꾹 누르세요.

3 반창고를 잘라서 붙여요

피가 멎었다면 반창고를 붙여요.
접착면을 잘라 붙이면 들뜨지 않는답니다.
상처가 다 가려지도록 붙이세요!

가벼운 상처에는 연고를 바르지 않고 반창고만 붙여도 돼요!

손가락 가운데에 상처가 났을 때

반창고의 양옆 날개를 잘라 X 모양으로 당겨 붙여요.

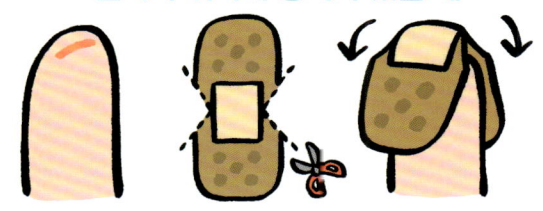

손가락 위쪽에 상처가 났을 때

반창고를 위의 그림대로 자른 후 손끝을 감싸서 붙여요.

어른들에게

상처에 침을 바르지 마세요

상처 부위에 침을 바르면 침에 있는 세균 때문에 2차 감염이 발생할 수 있습니다. 작은 상처일 때는 위 단계대로 치료하고, 상처가 크고 깊을 때는 병원에 가는 것이 좋습니다.

이럴 땐 구급차를 불러요

- 출혈이 심할 때
- 꿰매야 할 정도로 크고 깊게 베였을 때

구강 열상

입안이
찢어졌어요!

이럴 땐 병원에 가요
- 15분이 지나도 피가 멎지 않을 때 (바로!)

물로 가볍게!!

1 입안을 물로 헹군 후 상처를 확인해요

물을 조금 머금고 볼을 움직여 입안을 가볍게 헹구세요.
피 섞인 물을 뱉고 거울로 입안을 살펴보면 어디가 찢어졌는지 알 수 있어요.

2 거즈를 대고 눌러요

상처 부위에 거즈를 대고 5분 정도 손으로 지그시 눌러요. 작은 상처라면 이렇게만 해도 금방 괜찮아져요. 2~3일 지나면 나을 거예요!

◎ **입안은 늘 깨끗하게!**
입안이 깨끗해야 상처가 빨리 아물어요. 양치질하기 어려울 때는 오그르르 퉤 하고 물 양치를 하세요.

귤, 오렌지처럼 신맛이 나는 음식이나 딱딱한 음식은 상처 부위를 자극할 수 있어요. 상처가 다 나을 때까지는 이런 음식을 피하세요!

어른들에게

빠진 이를 다시 심을 수 있는 골든 타임은 30분!

누군가와 부딪치거나 넘어지면서 치아가 빠졌다면 30분 안에 치과에 가야 합니다. 30분이 지나면 치아와 주변 조직의 손상도가 급속히 커지기 때문입니다. 치아 뿌리에 붙어 있는 치근막이 손상되면 치아를 이식하기 어려우니, 치아 뿌리는 절대 만지지 마세요. 빠진 치아는 건조해지지 않도록 찬 우유나 새로 개봉한 생리 식염수에 담근 채로 치과에 가져가야 합니다.

이럴 땐 구급차를 불러요
- 출혈이 심할 때
- 혀에 큰 상처가 났을 때

비출혈

주르륵!
코피가 나요!

이럴 땐 병원에 가요
- 30분이 지나도 피가 멎지 않을 때
- 평소에 이런 증상이 있을 때
  - 코피가 자주 나고, 멍이 잘 든다.
  - 잇몸에서 피가 잘 난다.
  - 종종 눈 주위가 파래진다.

1 코를 꽉 잡아요

피가 멎도록 엄지손가락과 검지손가락으로 코끝 양쪽의 콧방울을 잡으세요. 아주 세게 잡아야 해요!

❌ **휴지로 코를 막지 마세요**
휴지를 뺄 때 피딱지가 함께 떨어져서 다시 코피가 날 수 있어요.

❌ **목뒤를 두드리지 마세요**
목과 머리 뒤를 두드려도 코피는 멈추지 않아요. 괜히 충격을 주지 마세요!

2 15분 동안 가만히 기다려요

콧방울을 꽉 잡고 의자에 앉아 발끝을 쳐다보세요.
아무 말도 하지 말고 입으로 숨을 쉬며
15분 정도 가만히 앉아 있어요.
그래도 피가 멎지 않으면
코를 다시 꽉 잡아요.

혹시 입안에 피가 고이면 삼키지 말고 뱉으세요!

✗ 고개를 젖혀 위를 쳐다보지 마세요

고개를 젖히면 피가 목으로 넘어가서 입안에 고이게 돼요. 피를 삼키면 속이 울렁거려서 토할 수 있으니, 코피가 나면 위를 쳐다보지 말고 고개를 숙이세요!

3 코피가 멎더라도 당분간 조심해요

코피는 멎었다가 다시 나기도 해요. 2주 정도는 코에 충격이 가지 않도록 주의하고, 외출할 때는 코가 건조해지지 않게 마스크를 쓰고 다녀요!

어른들에게

콧대가 아닌 콧방울을 압박해요

코피는 대부분 콧방울 안쪽에 있는 키젤바흐 부위(코 앞쪽에 혈관이 모여 있는 곳)에서 납니다. 이 부위를 양쪽에서 강하게 압박하면 빠르고 효과적으로 지혈할 수 있습니다.

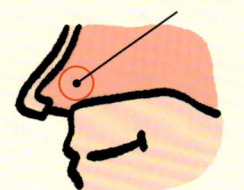

키젤바흐

이럴 땐 구급차를 불러요

- 양손이 피범벅이 될 정도로 피가 많이 날 때
- 머리나 얼굴에 충격을 받아 코에서 색이 연한 피가 줄줄 흐를 때
- 이름을 여러 번 불러도 대답을 안 할 때
- 얼굴색이 어둡고 숨을 제대로 못 쉴 때

손에 가시가 박혔어요!

이럴 땐 병원에 가요
- 가시가 길고 굵을 때 (바로!)
- 녹슨 못이 박혔을 때 (바로!)
- 가시가 많이 박혔을 때 (바로!)
- 가시 박힌 부위에 부기나 열감이 생겼을 때 (바로!)
- 연필심이나 샤프심이 박혀서 안 빠질 때

1 가시 박힌 부위를 깨끗이 씻어요

가시나 녹슨 못 등에는 세균이 많아요. 먼저 흐르는 물로 가시 박힌 부위를 깨끗하게 씻으세요.

2 가시를 뽑아요

밝은 곳에서 가시가 긴지 짧은지, 굵은지 가는지, 얼마나 깊게 박혀 있는지 등을 살펴보세요.
핀셋으로 뺄 수 있을 정도라면 살짝 집어서 뽑아요!

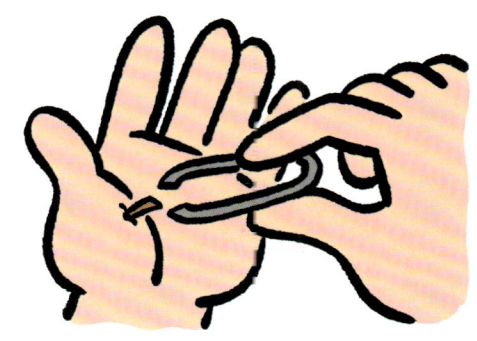

핀셋이 없다면 플라스틱 카드로 가시를 밀어내듯 뺄 수도 있어요!

❌ 바늘로 빼지 마세요

바늘로 가시를 빼다가 오히려 가시가 더 깊이 박히거나, 상처에 세균이 들어갈 수도 있어요.

* 일본에서는 가운데가 뚫려 있는 동전으로 주변을 눌러서 가시를 빼기도 해요.

3 반창고를 붙여요

가시가 박혀 있던 부위를 깨끗한 물로 잘 씻고, 크기에 맞는 반창고를 붙이세요.

어른들에게

빨갛게 붓거나 열감이 있을 땐 병원으로!

피부의 가장 바깥층인 표피는 약 4주마다 재생되므로 가시가 깊게 박히지 않았다면 얼마 후 자연스럽게 빠집니다. 따라서 무리하게 가시를 빼려고 하지 말고 일단 상태를 지켜보세요. 단, 가시 박힌 부위가 빨갛게 부어오르거나 피부에 열감이 있다면 병원에 가서 진료받아야 합니다.

이럴 땐 구급차를 불러요
- 눈에 가시가 박혔을 때

화상

뜨거운 프라이팬에 데었어요!

이럴 땐 병원에 가요
- 화상 부위가 넓을 때
- 화상 부위는 작지만 빨개지고 쓰라릴 때
- 물집이 여러 군데 생겼을 때

1 화상 부위를 식혀요

곧바로 시원한 물을 틀어 화상 부위를 대고 20분 이상 충분히 열을 식히세요.

❌ **물을 너무 세게 틀지 마세요**

물줄기가 세면 오히려 화상 부위를 자극할 수 있어요. 물집이 생겼을 때는 세면대에 물을 받아 화상 부위를 담그고, 물의 온도가 올라가지 않도록 계속 상온의 시원한 물로 바꿔 주세요.

* 화상 부위를 너무 차가운 물에 오랫동안 담가 두면 혈액 순환이 잘되지 않아 저체온증에 걸릴 수 있으니 주의하세요.

옷을 입은 채로 화상을 입었다면 옷을 벗지 말고 그 위에 물을 틀어 열을 식혀요.

눈이나 귀처럼 흐르는 물을 직접 대기 어려운 부위에 화상을 입었다면 찬 물수건을 이용해요.

② 물집은 건드리지 마세요

혹시 물집이 생겼다면 만지지도 터트리지도 마세요! 거즈로 상처 부위를 덮고, 바로 병원에 가야 해요.

❌ 아무것도 바르면 안 돼요

상처에 연고를 바른 상태로 병원에 가면 의료진이 화상 정도를 정확히 확인할 수 없어요. 가끔 화상 부위에 된장을 바르는 사람도 있는데, 세균에 감염될 수 있으니 절대 하지 마세요!

어른들에게

뜨거운 물건은 아이 손이 닿지 않는 곳에!

화상 사고를 예방하는 가장 좋은 방법은 아이의 손발이 닿는 곳에 뜨거운 물건을 두지 않는 것입니다. 아이가 식탁보를 잡아당겨서 뜨거운 음식이 쏟아지거나, 전선에 발이 걸려 전기 주전자가 넘어질 수도 있으니까요. 집 안에 화상 사고가 일어날 만한 상황이 있는지 꼼꼼히 살펴보세요.

주의!
- 전기밥솥, 압력밥솥, 전기 주전자 등의 증기
- 냄비, 다리미, 헤어드라이어, 난로 등 뜨거운 물건
- 보온 물주머니, 전기 매트 등 장시간 피부에 닿으면 저온 화상을 입히기 쉬운 제품

이럴 땐 서둘러 진료를 받아요
- 손가락, 발가락, 음부에 화상을 입었을 때 (피부가 서로 달라붙을 수 있어요.)
- 물집이 생겼을 때 (2차 감염이 생길 수 있어요.)

이럴 땐 구급차를 불러요
- 화상 부위가 넓을 때 (온몸의 10% 이상 또는 팔 한쪽 전체에 해당하는 범위)
- 피부가 까맣게 타거나 하얗게 변했을 때
- 얼굴에 화상을 입었을 때

문틈에 손가락이 끼었어요!

이럴 땐 병원에 가요
- 만지기만 해도 너무 아플 때 바로!
- 손을 움직일 수 없을 정도로 아플 때 바로!

1 다친 손가락을 잘 살펴봐요

혹시 피가 나고 있나요?
아니면 빨갛게 부어올랐나요?
지금 어떤 상태인지 잘 살펴보세요.

2 피가 난다면 상처 부위를 꾹 눌러요

상처 부위를 거즈로 감싼 후 꾹 누르세요.
적어도 5분은 누르고 있어야 해요!

3 빨갛게 부었다면 차갑게 해 줘요

상처 부위에 얼음주머니를 대고 20분 정도 찜질해 줍니다.

4 손을 움직여 봐요!

손을 쥐었다 펴 보고, 손가락도 움직여 보세요. 하기 어렵다면 병원에 가세요.

어른들에게

손가락이 절단되었을 때 응급 처치 방법

절단 부위에 거즈를 대고 붕대를 세게 감아서 지혈하세요. 절단된 손가락은 젖은 거즈로 감싸 지퍼 백에 넣어 밀봉하고, 얼음물이 든 용기에 지퍼 백을 담아서 병원으로 가져가세요. 끼임 사고는 골절, 절단 등으로 이어지기도 하는 만큼, 시중에 판매하는 끼임 방지 안전장치로 문틈을 막아서 사고를 예방하는 것이 좋습니다.

안전장치

이럴 땐 구급차를 불러요

- 출혈이 심할 때
- 골절이 의심될 때
- 절단되었을 때

염좌

뛰어 내려오다가
발목을 삐끗했어요!

이럴 땐 병원에 가요
- 발목이 부어오를 때 (바로!)
- 아파서 걸을 수 없을 때 (바로!)

1 움직이지 말고 도와 달라고 해요

상태를 확인하려고 아픈 부위를 무리하게 움직이다 보면 염증이 심해질 수 있어요. 괜히 움직여 보거나 걷지 말고 어른에게 도와 달라고 하세요.

2 차갑게 찜질해요

부어오른 부위에 얼음주머니를 얹고 차갑게 찜질해 주세요. 통증이 사라지면 찜질을 멈추었다가, 다시 통증이 생기면 얼음주머니를 대 주세요. 단, 너무 오래 대고 있으면 동상이 생길 수 있어요!

2~3일 뒤에는 따뜻한 물수건으로 아픈 부위를 찜질해 주세요!

발목 바깥쪽 복숭아뼈는 많이 접질리는 부위예요.

냉찜질할 때 필요한 물건

수건으로 감싼 다회용 아이스 팩

얼음주머니

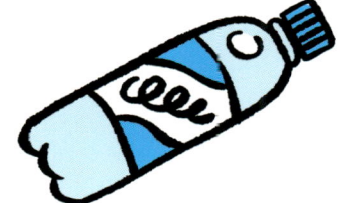

찬 음료가 든 페트병

어른들에게

당장 괜찮아 보여도 꼭 진료를 받아요

아이가 발목, 손목, 손가락 등을 접질려 관절을 다치는 일이 종종 있습니다. 이때 겉으로 보이는 상태나 증상만으로 단순한 염좌인지, 골절인지 판단하기 어려운 경우가 많습니다. 통증이 가라앉고 예전처럼 움직일 수 있어도 정형외과에 가서 정확하게 진찰받는 것이 좋습니다.

수영하다가 다리에 쥐가 났어요!

이럴 땐 병원에 가요
- 다리가 찌릿하면서 쥐가 풀리지 않을 때
- 반복해서 계속 쥐가 날 때

1 도와 달라고 외쳐요

사다리 손잡이, 레인 로프 등 가까이에 있는 고정된 물체를 꽉 잡고, 큰 소리로 도와 달라고 외치세요! 그러고 나서 주변 어른의 도움을 받아 천천히 물 밖으로 나오세요.

2 종아리와 발등을 잡아당겨요

종아리에 쥐가 났을 때는 다리를 쭉 펴고 발등을 무릎 쪽으로 강하게 당겨요.
발가락에 쥐가 났다면 발가락을 쥐고 위로 잡아당기며 발등 쪽으로 세게 구부려요!

발가락을 꼭 쥐고 당겨요.

3 부드럽게 주물러요

통증이 사라지면 쥐가 났던 부위를 부드럽게 주물러서 뭉친 근육을 풀어 주고, 몸이 따뜻해질 때까지 쉬도록 해요.

 몸이 차가우면 안 돼요
몸이 차가우면 쥐가 잘 풀리지 않으니, 몸을 따뜻하게 하세요!

종아리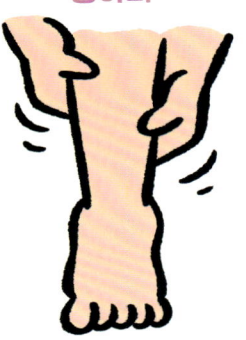
발끝에서 무릎 방향으로 올라가며 가볍게 주물러요.

발가락
쥐가 났던 발가락을 부드럽게 주물러요.

어른들에게 | 쥐를 예방하는 방법을 알아 두세요

'쥐가 난다'는 것은 수축된 근육이 원래대로 돌아오지 않는 상태로, 쥐가 나면 그 부위가 곧게 펴지지 않고 심한 통증이 지속됩니다. 대개 다리에 나는 쥐는 운동 부족, 몸의 수분 부족, 혈액 순환 저하, 급격한 온도 차이 등으로 인해 발생합니다. 쥐가 나지 않도록 평상시에 운동을 꾸준히 하고, 운동 전 안전 수칙도 잘 알아 두세요.

쥐 예방법
- 평소에 수분을 충분히 섭취하기
- 공복 상태로 운동하지 않기
- 준비운동, 마무리운동 제대로 하기
- 기온, 수온이 낮을 때는 무리하지 말기

골절

우두둑! 팔이 부러졌어요!

이럴 땐 병원에 가요
- 심하게 부었을 때 (바로!)
- 통증이 지속될 때 (바로!)
- 살짝 만지기만 해도 많이 아플 때 (바로!)

1 먼저 어른에게 도와 달라고 해요

아픈 곳을 누르거나 억지로 움직이려고 하지 마세요. 먼저 주변에 있는 어른에게 도움을 요청하고, 어디가 어떻게 아픈지 자세히 알려 주세요.

여기서부터는 어른이 할 일!

② 팔을 단단히 고정해요

팔 전체에 골판지나 두꺼운 상자를 대고 붕대로 묶어요. 그런 다음 보자기나 셔츠, 삼각건(삼각형 모양의 헝겊) 등으로 팔을 감싸고 양 끝을 목 뒤에서 묶어요. 팔이 움직이지 않도록 단단히 고정하는 것이 중요해요.

골판지를 ㄴ 모양으로 접어서 손부터 어깨까지 받쳐 준 뒤 붕대로 묶어요.

삼각건을 목에 걸어 팔 전체를 고정해요.

골판지에 수건을 깔고 팔을 올리면 미끄러지지 않고 단단히 고정돼요.

③ 바로 병원에 가서 진찰을 받아요

얼른 병원에 가서 뼈의 상태를 확인하세요. 혹시 금이 갔거나 부러졌다면 뼈가 제대로 붙을 수 있도록 치료받아야 해요.

어른들에게

강한 충격을 받았다면 통증이 없어도 꼭 병원으로!

아이의 뼈는 어른의 뼈에 비해 무른 편입니다. 그래서 충격을 받아도 완전히 부러지지 않고 휘어지기만 하거나 통증, 부기가 심하지 않을 수도 있습니다. 골절 부위에 따라 성장에 영향을 줄 수도 있으니 높은 곳에서 떨어졌거나 강한 충격을 받았다면 반드시 정형외과에 가서 진찰받으세요.

이럴 땐 구급차를 불러요
- 팔이 비정상적으로 꺾여 있을 때
- 다친 부위의 뼈가 겉으로 드러나 보일 때
- 다친 부위의 출혈이 심할 때

넘어지면서 머리를 부딪쳤어요!

이럴 땐 병원에 가요
- 부딪친 부위가 심하게 부어오를 때 바로!
- 어지럽고 머리가 아플 때 바로!
- 힘이 없고 축 늘어질 때 바로!
- 몸을 가누기 힘들 때 바로!
- 부딪치고 나서 토했을 때 바로!
- 자꾸 기분이 처질 때 바로!

1 몸 상태를 확인해요

먼저 주변에 있는 어른에게 상황을 말해요. 어디가 아픈지, 똑바로 걸을 수 있는지, 어질어질하지는 않은지, 상처는 없는지 등 몸 상태를 함께 확인해요.

> 여기서부터는 어른이 할 일!

2 상처에 알맞은 처치를 해요

피가 날 때는 거즈나 수건으로 상처 부위를 5분 정도 꾹 눌러 줘요. 혹이 생겼다면 수건으로 감싼 아이스 팩으로 열을 식혀 줘요. 20~30분이 지나도 가라앉지 않고 더 부어오르면 병원에 가세요.

3 계속 몸 상태를 살펴요

몸에 힘이 없고 축 늘어지지는 않는지, 몸을 제대로 가눌 수 있는지 등 몸 상태를 계속 주의 깊게 살펴보세요.

어른들에게

머리를 부딪친 날에는 안정이 필요해요

당장은 몸 상태가 괜찮아도 시간이 지나면서 점점 나빠지는 경우가 있습니다. 머리를 부딪친 당일에는 아이가 누워서 안정을 취할 수 있게 하고, 사고 후 24시간 동안 아이의 상태를 주의 깊게 관찰하세요. 아이가 자는 동안에도 상태를 계속 살펴야 합니다.

자전거를 탈 때는 안전모를 꼭 착용해요

자전거는 아이 신장에 맞게 골라야 하며, 자전거를 탈 때는 안전모를 꼭 착용해야 합니다. 안전모가 머리에 잘 맞는지, 끈이 느슨하지는 않은지 등을 6개월에 한 번씩 꼭 확인하세요.

이럴 땐 서둘러 진료를 받아요
- 머리와 얼굴에서 피가 많이 날 때
- 사물이 잘 보이지 않거나 겹쳐 보일 때
- 손발에 힘이 들어가지 않고 저릴 때
- 참을 수 없을 정도로 잠이 쏟아질 때
- 구토할 때

이럴 땐 구급차를 불러요
- 의식이 없거나 몽롱할 때
- 경련이 일어나거나 호흡이 잘 안 될 때

둔상

넘어지면서 배를 부딪쳤어요!

주변에 있는 어른에게 빨리 알려요!

① 어떻게 넘어졌는지 자세히 말해요

몸의 어느 부위를 어디에, 얼마나 세게 부딪쳤는지 등 넘어질 때의 상황을 어른에게 자세히 말해 주세요.

여기서부터는 어른이 할 일!

2 계속 몸 상태를 확인해요

넘어지면서 어딘가에 배를 강하게 부딪쳤다면, 당장은 괜찮아도 시간이 지나면서 상태가 점점 나빠질 수 있어요. 며칠 동안 몸 상태를 주의 깊게 지켜보세요.

배안에는 중요한 장기가 많아요!

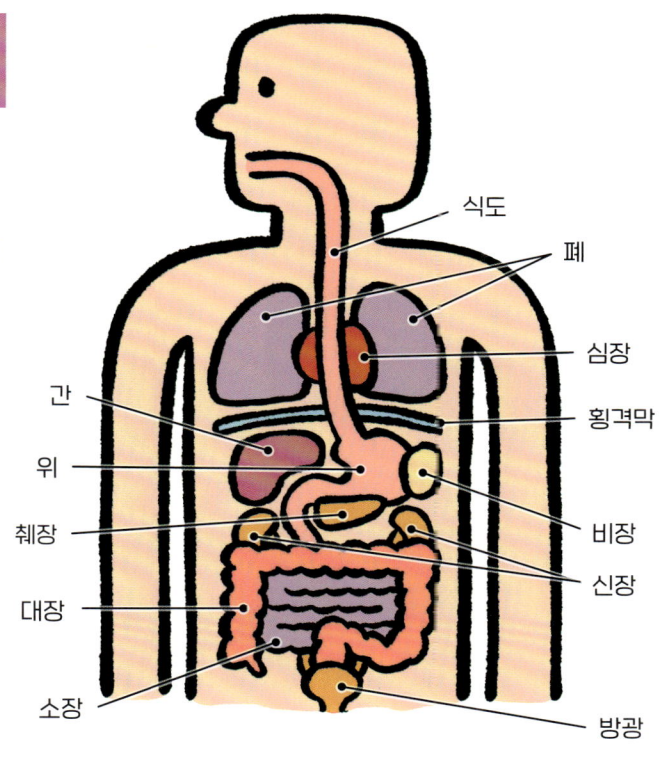

식도 / 폐 / 심장 / 횡격막 / 비장 / 신장 / 방광 / 간 / 위 / 췌장 / 대장 / 소장

어른들에게

며칠 후에 증상이 나타나기도 해요

아이는 어른보다 피하 지방이 얇고 근육이 덜 발달해서 배에 압력이 가해지면 그 충격이 배 안쪽까지 강하게 전달됩니다. 그래서 장기에 문제가 생기기 쉽고, 위중해지는 경우도 많습니다. 몸속 장기에 문제가 생기는 경우, 며칠 동안은 아무 증상이 없다가 나중에 통증, 구토 등이 나타날 수도 있어서 더욱 주의해야 합니다. 시간이 지나고 배에 타박상이 생겼다면 반드시 병원에 가서 진료받으세요.

이럴 땐 서둘러 진료를 받아요
- 배를 부딪친 뒤 2시간 안에 토했을 때
- 얼굴색이 안 좋을 때
- 컨디션은 괜찮지만 배에 타박상이 있을 때
- 소변 색이 평소와 다르고, 배가 계속 아플 때

이럴 땐 구급차를 불러요
- 통증이 아주 심하거나 의식이 없을 때

동물 교상

왈왈왈!
개에 물렸어요!

이럴 땐 병원에 가요
- 동물에 물렸을 때는 무조건! **바로!**

1 흐르는 물로 여러 번 깨끗이 씻어 내요

개의 이빨과 침에는 세균이 많아요. 일단 물린 부위를 <u>흐르는 물에 대고 비누로 깨끗하게 씻어야 2차 감염을 막을 수 있어요.</u>

개가 광견병에 걸린 상태일 수도 있으니, 물과 비누로 함께 씻는 것이 좋답니다!

2 피가 나면 거즈로 꾹 눌러요

씻은 부위를 깨끗한 수건으로 살짝 닦았는데 피가 나온다면 거즈로 덮어 꾹 누르세요.

? 반창고를 붙이는 게 좋을까요?

가벼운 상처라면 반창고를 붙이지 않은 상태로 병원에 가면 돼요. 하지만 피가 날 정도로 상처가 깊을 때는 거즈로 눌러 피를 멎게 한 후 바로 병원에 가세요.

3 응급 처치가 끝났다면 바로 병원으로!

상처 부위로 세균이 들어가는 경우가 아주 많아요.
상처 크기나 정도에 상관없이 얼른 병원에 가서 치료받으세요!

어른들에게

동물에 물렸다면 반드시 병원에 가세요

동물에 물리는 사고 중 80%는 개, 15%는 고양이에 물리는 사고이며, 물린 부위는 감염 위험이 큽니다. 특히 고양이에 물린 상처는 언뜻 가벼워 보여도 상처가 깊고 감염 위험이 매우 높습니다. 물로 꼼꼼히 씻은 후 서둘러 병원에 가세요. 상황에 따라 파상풍 주사를 맞아야 할 수도 있으니, 아이의 접종 기록을 확인할 수 있는 서류를 가지고 가는 것이 좋습니다.
혼나는 게 두려워서 동물에 물린 일을 말하지 않는 아이도 종종 있습니다. 동물에 물리면 병원에 반드시 가야 한다는 것을 알려 주고, 아이가 숨기지 않고 말할 수 있도록 평상시에 잘 설명해 주세요. 반려동물을 키우고 있다면 동물의 습성이나 싫어하는 행동 등을 확인해 두는 것이 좋습니다.

 곤충 교상

위이잉!
벌에 쏘였어요!

 **이럴 땐 병원에 가요**
- 벌에 쏘인 적이 있을 때
- 쏘인 부위가 심하게 부어오를 때
- 벌침이 빠지지 않을 때 `바로!`

1 멀리 달아나세요

가까이에 벌이 더 있을지도 몰라요! 벌에 쏘였을 때는 **소리 지르지 말고 머리를 감싼 후, 재빨리 다른 곳으로 도망치세요.**

❌ **벌을 쫓으려고 하지 마세요**
손이나 팔을 휘저으며 쫓으려고 하면 벌이 놀라서 다시 공격할 수도 있어요!

2 벌침을 뽑고 물로 씻어요

벌침이 남아 있다면 플라스틱 카드, 자처럼 얇고 단단한 물건으로 밀어내듯이 빼 주세요. 쏘인 부위는 흐르는 물에 대고 비누로 잘 씻으세요.

3 차갑게 찜질해요

쏘인 부위에 얼음주머니나 찬 물수건을 올려서 통증과 부기를 가라앉혀요.

4 연고를 바르고 반창고를 붙여요

부기가 가라앉으면 쏘인 부위에 연고를 바르고, 반창고를 붙이세요. 혹시 토하거나 숨쉬기 어려우면 얼른 병원에 가세요!

어른들에게

벌에 쏘이지 않으려면 예방이 중요해요

- 벌은 검은색, 알록달록한 색을 좋아합니다. 아이와 바깥 활동을 할 때는 되도록 흰색의 긴소매, 긴바지를 입히고 모자를 씌워 주세요. 달콤한 냄새가 나면 벌이 꽃으로 착각하고 달려들 수 있으니 어른들은 향이 강한 향수, 화장품 등을 사용하지 마세요.
- 벌에게 쏘이면 '아나필락시스'라고 하는 전신 알레르기 반응이 일어날 수 있으며, 심한 경우 목숨을 잃을 수도 있습니다. 아이가 이전에 벌에 쏘였을 때 아나필락시스 쇼크가 왔다면, 에피네프린 자가 주사 키트를 처방받아 바깥 활동 시 꼭 챙기세요.

이럴 땐 구급차를 불러요

- 아나필락시스 쇼크가 와서 증상이 한꺼번에 나타날 때

대표 증상
- 두드러기가 올라온다.
- 구토를 한다.
- 호흡이 가빠진다.
- 컨디션이 점점 나빠진다.

식물을 만졌더니 피부가 가려워요!

이럴 땐 병원에 가요
- 참을 수 없이 가려울 때
- 통증이 계속될 때
- 빨갛게 부어오르고, 부기가 가라앉지 않을 때

1 부드럽게 씻어 내요

피부가 가려운 이유는 식물의 독이 올랐기 때문이에요.
가려운 곳에 물을 뿌리면서 살살 씻어 주세요.
단, 절대로 문지르면 안 돼요!
문지르면 가려움과 부기가 더 심해진답니다.

빨리 씻어 내야 빨리 나을 수 있어요!

2 연고를 발라요

염증 부위가 넓지 않고 많이 부어오르지 않았다면 연고를 바르면 돼요. 일주일 정도 지나면 괜찮아질 거예요. 가려울 때는 독이 오른 부위에 얼음이나 찬물을 대서 차갑게 해 주세요.

◎ 긴소매, 긴바지를 입어요

바깥 활동을 할 때 긴소매, 긴바지를 입으면 위험한 식물이나 벌레로부터 우리 몸을 지킬 수 있어요!

✖ 잎을 따지 마세요

일부 식물의 진, 이파리 등에는 독이 있어서 만지면 피부가 가렵고 아프거나, 빨갛게 부어오를 수 있어요. 잎을 따거나 가지를 꺾지 마세요.

어른들에게

식물을 함부로 만지지 마세요

식물을 만졌을 때 생기는 염증 증상은 곧바로 나타나기도 하지만, 몇 시간 후에 나타날 수도 있습니다. 또 증상이 사라질 때까지 수일이 걸리기도 합니다. 응급 처치를 해도 증상이 사라지지 않거나 심해지면 피부과에 가서 꼭 진료를 받으세요.
독성이 있는 식물은 우리 주변에도 많습니다. 바깥 활동을 할 때 주의해야 할 사항을 알아 두세요.

주의 사항
- 아무 식물이나 만지지 않기
  (옻나무, 쐐기풀 등이 대표적인 독성 식물입니다. 잎 표면, 나무껍질, 수액 등을 조심하세요.)
- 긴소매, 긴바지 입기
- 풀밭에서는 꼭 돗자리를 깔고 앉기
- 식물을 만져야 할 때는 꼭 장갑을 끼기

귀에 물이 들어갔어요!

이럴 땐 병원에 가요
- 귀가 먹먹해지고, 며칠이 지나도 증상이 사라지지 않을 때
- 소리가 계속 잘 안 들리고, 멀리 들릴 때

1 귀를 바닥에 대고 누워요

물이 들어간 귀를 바닥에 대고 옆으로 누워 보세요.
잠시 누워 있다 보면 물이 빠질 거예요.

일본에서는 이런 방법으로 물을 빼기도 하는구나!

* 일본에서는 물이 들어간 귀에 깨끗한 물을 더 넣은 다음, 아래쪽으로 빠르게 고개를 기울여 물을 빼기도 해요.

2 고개를 기울여요

누워서 기다렸는데도 물이 빠지지 않으면 물이 들어간 귀가 아래쪽을 향하도록 고개를 기울여서 귓바퀴를 당겨요. 그래도 물이 빠지지 않을 때는 제자리에서 가볍게 뛰어 보세요. 한 발로 뛰다가 넘어질 수도 있으니 조심하세요!

✗ 면봉으로 후비지 마세요

물을 빼려고 손가락이나 면봉으로 귀를 후비면 귓속에 상처가 나기 쉬워요. 그러면 세균에 감염되어 다른 염증이 생길 수도 있답니다.

✗ 뜨거운 바람은 안 돼요

물이 어느 정도 빠지면 헤어드라이어로 귓속을 말려도 돼요. 단, 뜨거운 바람으로 말리면 귓바퀴에 화상을 입을지도 모르니 꼭 찬 바람으로 말리세요!

3 물은 자연스럽게 말라요

귀에 들어간 물은 시간이 지나면 저절로 빠지고, 체온 때문에 금방 말라요. 하지만 귀가 먹먹하거나 물이 차 있는 느낌이 계속 들면 이비인후과에 가야 해요!

어른들에게

중이염 치료를 받고 있다면, 수영장 가기 전에 의사에게 상담받으세요

바깥귀인 '외이'와 가운데귀인 '중이'의 경계에는 고막이 있어서 귀에 물이 들어가도 중이염이 생기지 않습니다. 단, 고막에 구멍이 생겼거나 환기관(튜브)을 삽입한 상태라면 물에 들어가도 되는지 의사에게 꼭 상담받으세요.

생선 가시가 목에 걸렸어요!

이럴 땐 병원에 가요
- 가만히 있어도 아플 때
- 두꺼운 가시가 걸렸을 때
- 물로 입안을 헹궈도 가시가 안 빠질 때
- 가시를 뺐는데도 계속 아플 때

1 어른에게 바로 말해요

먼저 입안에 있는 음식을 모두 뱉어요. 그런 다음 어른에게 목에 생선 가시가 걸렸다고 바로 말하세요!

② 물로 입안을 헹궈요

입안을 헹군 후 물을 뱉고, 가시가 나왔는지 살펴봐요. 가시가 빠지지 않았을 경우에는 따뜻한 물을 두세 모금 마셔 보세요. 가시가 살짝 박혀 있는 상태라면 금방 빠질 거예요.

③ 가시가 빠지지 않으면 병원으로!

입을 헹궈도, 따뜻한 물을 마시고 기다려 봐도 가시가 빠지지 않을 때는 바로 이비인후과에 가서 진료받으세요!

❌ 손으로 가시를 빼지 마세요

소독하지 않은 핀셋이나 손가락을 목 안쪽에 넣어 무리하게 가시를 빼려고 하면 안 돼요. 가시가 더 깊숙이 박히거나 식도로 넘어갈 수 있거든요.

가시를 손으로 빼려다가 입안에 상처가 나기도 해요.

어른들에게 | 맨밥을 삼키는 것은 잘못된 방법!

예부터 생선 가시가 목에 걸렸을 때 '맨밥 한 숟가락'을 꿀꺽 삼키면 가시가 빠진다는 말이 전해 내려왔습니다. 하지만 이 민간요법은 의학적으로 검증되지 않은 방법입니다. 밥을 삼키면 오히려 가시가 더 깊이 박히거나, 가시가 부러질 수 있으니 하지 마세요.

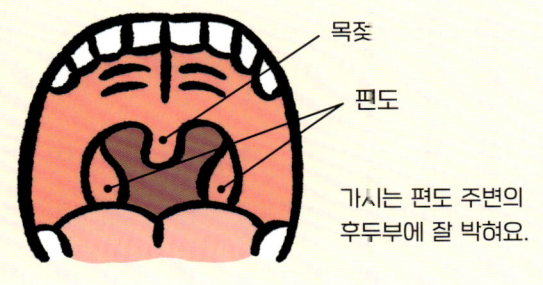

목젖
편도
가시는 편도 주변의 후두부에 잘 박혀요.

온열 질환

너무 더워서
머리가 어질어질해요!

이럴 땐 병원에 가요
- ①~③ 응급 처치를 했는데도 몸 상태가 안 좋을 때 바로!

1 시원한 곳으로 가서 편안하게 누워요

어질어질하거나 몸이 축 늘어진다면 바로 어른에게 말한 뒤, 냉방이 되는 곳이나 그늘로 이동하세요. 그런 다음 얼굴을 위로 향하게 누워서 잠시 쉬도록 해요.

여기서부터는 어른이 할 일!

② 몸을 시원하게 해 줘요

벨트와 단추를 풀어 몸을 편안하게 해 주고,
목, 겨드랑이 아래, 고관절 등에
물수건을 대서 열을 식혀 주세요.

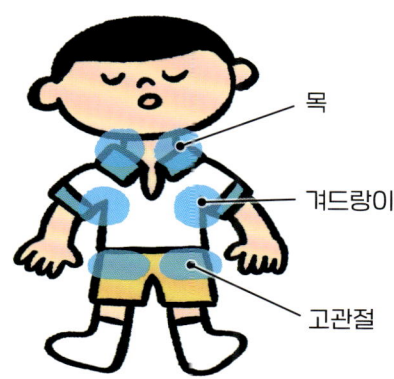

차갑게 해 줄 신체 부위
- 목
- 겨드랑이
- 고관절

③ 이온 음료를 마시게 해요

이온 음료를 마시면 수분을 빠르게 보충할 수 있어요.
단, 한꺼번에 너무 많이 마시면 구토할 수 있으니
조금씩 천천히 마시라고 이야기해 주세요!

어른들에게

수분을 충분히 섭취하고 중간중간에 휴식해요

체온이 정상이어도 아이가 계속 어지러워하거나 땀을 뻘뻘 흘리고, 다리에 쥐가 나는 등의 증상을 보인다면 경증의 온열 질환을 의심해 봐야 합니다. 먼저 시원한 곳으로 이동해서 얼굴이 위를 향하게 눕히고, 얼음주머니나 물수건으로 몸을 차갑게 해 주세요. 염분, 당분이 있는 이온 음료나 경구보수액을 마시게 하는 것도 좋습니다. 단, 의식이 또렷하지 않거나 구토를 할 때는 마실 것을 주지 마세요. 응급 처치를 했는데도 증상이 나아지지 않을 경우에는 바로 병원이나 응급실에 가세요.

기온이 높은 날에 신체 활동을 할 때는 아이에게 소매와 목 주변이 넓고 통기성이 우수한 옷을 입히고, 챙이 넓은 모자를 씌워 주세요. 아이가 노는 동안에도 수분을 충분히 섭취할 수 있도록 자주 물을 주고, 중간중간에 휴식을 취할 수 있게 해 주세요.

이럴 땐 서둘러 진료를 받아요

- 두통이 있을 때
- 구역질이나 구토를 할 때
- 물을 마실 수 없을 때
- 응급 처치를 했는데도 증상이 나아지지 않을 때
- 충분히 잤는데도 나른하고 피곤할 때

택시를 이용하세요!

이럴 땐 구급차를 불러요

- 이름을 불렀는데 제대로 반응하지 않을 때
- 몸에 경련이 일어날 때
- 체온이 40℃가 넘을 때

경련

친구가 부들부들 떨어요!

주변에 있는 어른에게 빨리 알려요!

1 큰 소리로 도와 달라고 외쳐요!

떨고 있는 친구를 혼자 두지 말고
그 자리에서 **큰 소리로 어른을 부르세요.**
혹시 친구가 넘어지려고 하면
머리를 부딪치지 않게 잘 받쳐 주세요.

여기서부터는 어른이 할 일!

2 옆으로 눕혀요

아이를 평평한 곳에 눕히고
몸을 조이는 벨트나 단추를 풀어 줘요.
몸을 옆으로 향하게 돌리고,
몸이 뒤로 넘어가지 않도록 등을 받쳐요.

3 잠시 지켜봐요

몸을 부들부들 떠는 증상은
시간이 지나면 대부분 괜찮아져요.
3~5분 정도 지켜보세요.
그래도 상태가 나아지지 않으면
구급차를 불러서 얼른 병원에 가세요.

 몸을 붙잡지 마세요
손발을 꽉 잡는다고 경련이 멈추는 것은 아니에요. 오히려 뼈를 다칠 수도 있으니, 상태를 지켜보며 잠시 기다리세요.

 물을 주지 마세요
물을 마시면 토할 수 있고, 토사물이 기도로 넘어가서 숨이 막힐 수 있어요.

어른들에게

경련이 일어났을 때 해야 할 일

만 5세까지는 열이 날 때 경련이 일어나는 '열성 경련'이 나타나며, 특히 만 1~2세 때 많이 겪습니다. 혹 아이가 열이 없는 상태에서 몸을 떨다가 의식을 잃는다면 뇌전증일 가능성도 있으니 병원에 가서 진찰받아 보세요. 아이가 경련을 일으킬 때는 침착하게 아이를 관찰한 후에 언제, 어느 정도로, 얼마나 경련 증상이 지속되었는지 등을 메모해 두는 것이 좋습니다.

이럴 땐 구급차를 불러요

- 경련이 5분 이상 계속될 때
- 짧은 간격으로 경련이 계속 반복될 때
- 진정되었는데 의식이 돌아오지 않을 때
- 몸 오른쪽과 왼쪽의 경련 강도가 다를 때
- 경련이 일어나기 전에 머리를 심하게 부딪쳤을 때

어른이 꼭 알아야 할 처치법

질식했을 때 응급 처치

언제든 일어날 수 있는 질식 사고

음식, 장난감 등이 목(기도 윗부분)에 걸려 발생하는 질식 사고는 아이의 나이와 상관없이 언제든 일어날 수 있습니다. 평상시에 아이에게 꼭꼭 씹어서 천천히 먹기, 돌아다니면서 먹지 않기 등 질식과 관련한 주의 사항을 알려 주세요. 만 5세 이하 아이에게는 사탕, 견과류 등을 먹이지 않는 것이 좋으며, 포도처럼 모양이 동그란 음식은 여러 조각으로 잘라서 주세요.

1 질식 신호 알아차리기   119에 신고

아이가 갑자기 캑캑대며 기침하거나, 목을 잡고 괴로워하면서 소리를 내지 못한다면 목이 막혀 숨을 쉴 수 없다는 신호입니다. 아이가 계속 기침할 경우에는 더 기침할 수 있도록 옆에서 도와주세요. 그러다 보면 목에 걸린 이물질을 뱉어 낼 수도 있기 때문입니다.
하지만 기침도, 목소리도 나오지 않는다면 주위 사람에게 119에 신고해 달라고 한 뒤, 재빨리 2번 응급 처치를 하세요. 주위에 아무도 없을 때는 일단 아이가 말을 알아듣는지 확인한 후 곧바로 2번 응급 처치를 시작합니다. 아이의 연령별로 응급 처치 방법이 다르니 각각 알아 두세요.

손으로 목을 잡는다
전형적인 질식 신호로, 목소리가 나오지 않습니다.

캑캑대며 기침한다
심하게 기침을 하고, 기침이 쉽게 멈추지 않습니다.

2 등 두드리기

만 1세 이상 아이

손바닥 아랫부분으로 등 위쪽 날개뼈 사이를 세게 5회 치세요. 그래도 이물질이 나오지 않으면 바로 3번 응급 처치를 하세요.

정확한 위치를 찾고 있을 시간이 없습니다. 가슴 바로 뒤쪽 등 한가운데를 세게 치세요.

돌 전 아기

얼굴이 바닥을 향하도록 아기를 뒤집어서 한 손으로 아기의 턱을 잡고, 팔로 가슴과 배를 받친 후, 아기를 허벅지 위에 고정시킵니다. 다른 한 손의 손바닥 아랫부분으로 등을 5회 연속 두드리세요. 그래도 이물질이 나오지 않으면, 바로 4번 응급 처치를 하세요.

예방 1 동그란 음식은 작게 자르기

모양이 동그란 음식일수록 아이 목에 걸리기 쉽습니다. 방울토마토, 메추리알, 동그란 치즈 등은 4~6조각으로, 포도는 껍질을 벗긴 후 작게 잘라서 아이에게 주세요.

 예방 2 빵 먹을 때는 천천히!

빵은 수분 함량이 적은 편이어서 급하게 먹으면 목에 걸릴 수 있습니다. 중간중간에 수분을 섭취할 수 있도록 물, 우유 등을 함께 주세요. 또 음식을 천천히 먹는 습관도 길러 주세요.

만 1세 이상 아이

 3 복부 밀어 올리기 [하임리히법]

❶ 아이 뒤에서 두 팔로 아이를 감싸안는다
아이의 등 뒤에 서서 한쪽 다리를 아이의 다리 사이에 넣어 지지한 후, 아이의 겨드랑이 사이로 팔을 넣어 감싸안으세요.

❷ 명치 아래에 주먹 쥔 손을 댄다
한 손은 주먹을 쥐고, 주먹 쥔 손의 옆면(엄지손가락 쪽)을 아이의 명치 아래에 갖다 댑니다. 다른 한 손은 주먹을 감싸 쥐세요.

❸ 강하게 위로 밀어 올린다
주먹으로 아이의 복부를 압박하며 강하고 빠르게 밀어 올립니다. 5회 반복하고 나서 이물질이 나왔는지, 아이가 반응을 보이는지 확인합니다.

복부 밀어 올리기를 5회 반복했는데도 이물질이 나오지 않고, 이름을 불러도 아이가 반응을 하지 않는다면 곧바로 심폐 소생술(44쪽)을 해야 합니다. 아직 119에 신고하지 않았다면 얼른 전화하세요.

돌 전 아기

4 가슴 압박하기

아이의 얼굴이 하늘을 향하도록 돌려 허벅지 위에 눕힌 뒤, 한 손으로 아기의 목과 뒤통수를 감싸 잡습니다. 아기의 두 젖꼭지를 잇는 가상선의 조금 아래쪽에 있는 흉골에 다른 한 손의 검지와 중지를 수직으로 대고 5회 연속 강하게 압박합니다. 이때 약 4cm 깊이로 압박해야 하며, 손가락을 가슴에서 떼면 안 됩니다. 등 두드리기(❷번 응급 처치)와 가슴 압박을 5회씩 번갈아 하면서 이물질이 나올 때까지 반복합니다. 이물질이 나오지 않고 아이도 반응하지 않을 때는 심폐 소생술(44쪽)을 시작하세요. 아직 119에 신고하지 않았다면 곧바로 전화하세요.

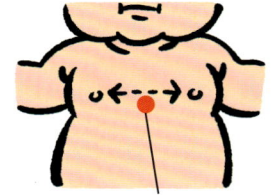 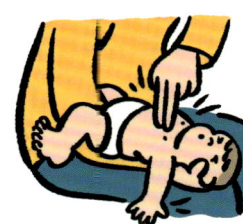

압박 지점

이물질이 나왔다면
아이가 기침하거나 울음을 터트리면 이물질이 나왔다는 신호입니다. 이때는 응급 처치를 멈추고 입안에 남아 있는 이물질을 빼내세요. 아이의 호흡이 정상으로 돌아오더라도 의사의 진찰을 꼭 받아야 합니다. 복부와 가슴을 압박하는 과정에서 내부 장기에 문제가 생겼을 수 있으니까요.

어른이 꼭 알아야 할 처치법

물에 빠졌을 때 응급 처치
(심폐 소생술)

물에서는 언제나 사고 조심!
만 10세 미만 아이들이 겪는 물놀이 사고는 하천, 바다에서 많이 일어납니다. 이런 곳들은 수영장과 달리 물놀이 환경이 계속 변하기 때문에 특히 조심해야 합니다. 하천이나 바다에서 물놀이할 때는 수심, 유속, 물의 방향, 위험한 곳 등을 미리 알아 두어야 하며, 아이에게 반드시 안전 장비를 착용하고 물에 들어가야 한다고 가르쳐 주세요.

반응 확인하기

물에 빠진 아이를 구조해 눕힌 후 상태를 살피세요. 몸이 축 늘어져 있다면 아주 위급한 상황입니다. 먼저 반응이 있는지 확인하세요.

❶ 이름을 부르며 흔든다
아이의 어깨를 흔들면서 큰 소리로 이름을 불러 보고 눈을 뜨는지, 소리에 반응하는지 잘 살펴보세요.

- 반응이 있을 때 :
  지금 몸 상태가 어떤지 묻는다.
- 반응이 없거나 판단하기 어려울 때 :
  119에 신고하고, 자동심장충격기(AED)를 가져다 달라고 소리친다. 그 사이에 아이가 정상적으로 호흡하는지 확인한다.(응급 처치 2-❶)

호흡 확인 후 가슴 압박하기 [30회]

❶ 호흡을 확인한다
얼굴이 하늘을 향하게 눕히고 아이의 가슴과 배를 보면서 정상적으로 호흡하는지 확인합니다.
- 정상적으로 호흡할 때 : 상태를 지켜보면서 구급 대원을 기다린다.
- 정상적으로 호흡하지 않거나 가슴, 배가 움직이지 않을 때 : 다음 응급 처치를 한다.

만 1세 이상 아이

❷ 가슴에 손을 얹는다
아이의 가슴 중심(상하좌우 모두를 기준으로)에 한쪽 손바닥 아랫부분을 대고 그 위에 다른 한 손을 포개어 깍지를 낍니다. 체격이 작은 아이는 한 손으로, 체격이 큰 아이는 두 손으로 압박하는 것이 좋습니다.

손바닥 전체로 누르면 충분히 압박할 수 없습니다. 손바닥 아랫부분으로 강하게 누르세요.

❸ 위에서 압박한다
팔이 구부러지지 않게 쭉 펴고 손과 어깨가 일직선이 되도록 자세를 잡습니다. 그런 다음 아이 가슴 두께의 1/3이 눌릴 정도의 강도로 세게 누릅니다. 매우 빠르게 누른 후, 가슴이 원래 높이로 돌아오도록 살짝 힘을 풀어 주세요. 1초에 2회 누를 수 있는 빠르기로 30회 압박합니다. 위급한 상황이 되면 압박 횟수를 잊어버리기 쉬우니, 소리 내어 수를 세는 것이 좋습니다. 압박하는 동안에는 손바닥이 가슴에서 떨어지면 안 됩니다.

1초에 2회씩 30회!

예방 1 구명조끼 입기

물놀이할 때는 몸에 맞는 구명조끼를 입혀 주세요. 혹시 물 안에서 의식을 잃더라도 머리가 물에 떠서 호흡할 수 있습니다.

예방 2 위험한 장소 알아 두기

수심이 깊은 곳, 유속이 빠른 곳 등은 사고가 일어나기 쉽습니다. 이런 곳에서는 물놀이하면 안 된다고 알려 주세요.

예방 3 슬리퍼 신지 않기

슬리퍼는 뒷부분이 뚫려 있어서 잘 벗겨집니다. 물놀이할 때는 발뒤축을 감싸는 신발이나 아쿠아 슈즈를 신겨 주세요.

교대하며 압박하기
가슴 압박을 계속하면 꽤 힘듭니다. 다른 사람과 교대하면서 진행하세요.

❷ **가슴에 손가락 두 개를 대고 압박한다**
두 젖꼭지를 잇는 가상선 조금 아래쪽에 있는 흉골에 검지와 중지를 수직으로 댄 다음, 30회 압박합니다.(43쪽 ❹번 그림)

1초에 2회씩 30회!

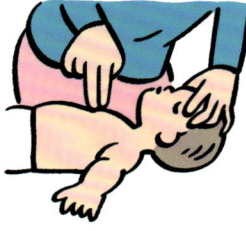

3 인공호흡 하기 (2회)

가슴 압박을 30회 한 후 인공호흡을 2회 합니다. 인공호흡을 할 수 없을 때는 가슴 압박을 계속합니다.

❶ **턱을 들어 올리고 이마를 내린다**
양손을 각각 턱 끝과 이마에 댄 다음, 턱은 가볍게 올리고 이마는 아래로 누릅니다.

❷ **약 1초 동안 숨을 불어넣는다**
이마에 대고 있던 손으로 아이의 코를 잡습니다. 입을 크게 벌려 아이의 입을 완전히 덮고 약 1초 동안 숨을 불어넣습니다. 아이의 가슴이 부풀어 오르는 것을 확인했다면 입을 뗍니다.(1회) 돌 전 아기인 경우, 입과 코를 모두 덮고 숨을 불어넣습니다.

❸ **다시 한번 숨을 불어넣는다**
아이의 입을 완전히 덮고 ❷에서 했던 것처럼 한 번 더 숨을 불어넣습니다.(2회) 입을 떼고 나서는 다시 가슴 압박을 합니다.

4 구급 대원이 도착할 때까지 반복하기

호흡이 돌아오거나 구급 대원이 도착할 때까지 가슴 압박 30회 → 인공호흡 2회 1세트)를 반복합니다. 자동심장충격기가 있다면 전원을 켜고 음성 안내에 따라 진행하면 됩니다. 자동심장충격기에 연결된 패드를 부착할 때는 아이의 몸에 물기가 없도록 잘 닦아 주세요.

응급 처치 교육을 받읍시다!
응급 상황이 발생했을 때 곧바로 대응하려면 평상시에 보호자가 응급 처치 방법을 숙지하고 있어야 합니다. 소방서, 보건소 등에서는 일반인 대상의 응급 처치 교육이 종종 열리며, 국민안전교육플랫폼(kasem.safekorea.go.kr)에서는 심폐 소생을 교육을 하는 '안전 체험관'을 안내하고 있습니다. 인터넷에서도 교육 영상을 쉽게 찾을 수 있으니 미리 배워 두세요!

> 어른이 꼭 알아야 할 처치법

효과적인 상처 치료법
(습윤 요법)

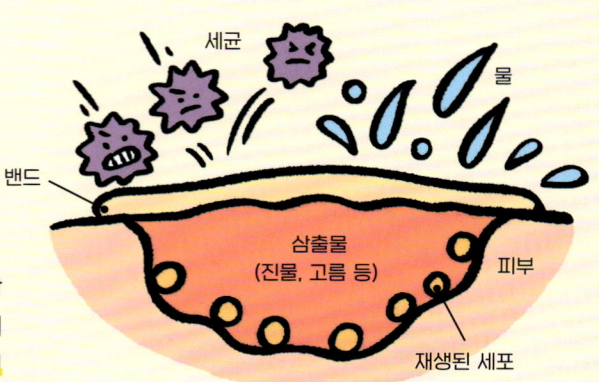

삼출물의 피부 재생 성분을 이용한 자연 치유

재생 능력이 있는 우리 몸

예전에는 가벼운 찰과상을 입으면 상처 부위를 건조한 상태로 두어 딱지가 생기도록 하는 방법으로 치료했습니다. 하지만 요즘은 상처 부위를 소독하지 않고 촉촉한 상태로 유지한 후, 상처에서 나오는 삼출물의 재생 능력을 이용해 치료하는 방법을 권장합니다. 이때 붙이는 습윤 밴드는 상처 부위를 보호해 줄 뿐 아니라 삼출물을 가둬서 상처 회복에도 도움을 줍니다.

> 올바른 순서

1 깨끗이 씻기

상처 부위를 흙, 모래, 먼지 등 이물질이 남아 있는 상태로 놔두면 세균에 감염될 수 있습니다. 상처 부위를 흐르는 물이나 새로 개봉한 생리 식염수로 깨끗이 씻으세요.

2 지혈하기

출혈이 많을 때는 거즈나 깨끗한 수건으로 상처 부위를 덮고 손으로 꾹 눌러서 5분간 지혈합니다. 지혈 상태를 확인하기 위해 중간에 손을 떼면 안 됩니다.

3 습윤 밴드 붙이기

습윤 밴드를 구입해 상처 부위를 온전히 덮도록 잘라 붙이세요. 상처 부위에 빨갛고 얇은 피부가 생겼다면 잘 아물고 있다는 의미이니 그대로 치료하면 됩니다. 만 3세 미만 영유아에게 사용할 수 없는 밴드도 있으니 사용 연령을 미리 확인하고, 설명서에 적힌 주의 사항도 잘 숙지해 두세요.

Q. 왜 상처 부위를 건조하게 두지 않는 것이 좋은가요?

삼출물에는 조직을 회복하고 재생하는 데 필요한 성분이 들어 있어서 상처 부위가 삼출물로 덮여 있으면 자연스럽게 치료됩니다. 하지만 상처 부위를 건조하게 두면 딱지가 생기는데, 그 상태에서는 피부 재생 세포가 정상적으로 성장하지 못합니다.

Q. 상처 부위를 약품으로 소독하면 안 되나요?

소독약은 유해한 균을 없애 주지만, 몸속 정상 세포에 상처를 내기도 합니다. 소독약이 오히려 상처 치유를 방해하기도 하지요. 단, 소독이 필요한 상처도 있으니 습윤 요법을 해도 되는지 판단하기 어려울 때는 의사에게 상담받으세요.

Q. 어떤 증상이 있을 때 습윤 요법을 하면 안 되나요?

상처에 이물질이 많이 끼어 있거나, 상처 부위에서 나오는 삼출물의 색이 탁하고 점성이 크다면, 세균에 감염되었을 확률이 높습니다. 이럴 때는 습윤 밴드로 밀폐하지 말고 서둘러 병원에 가 진찰을 받아야 합니다.

알아 두세요

응급 상황일 때 도움받는 방법

집에서 24시간 의료 상담을 받는 방법, 평일 야간이나 토·일요일, 공휴일에 진료하는 병원은 어디인지 미리 알아 두세요.

응급 의료 상담 서비스 `119`

'119구급상황관리센터'는 응급 처치 지도, 질병 상담, 병의원 안내 등의 응급 의료 상담 서비스를 제공합니다. 대부분의 의료 기관이 문을 닫는 공휴일을 포함해 365일 24시간 전국 어디서든 이용할 수 있으며, 국번 없이 119로 전화하면 상담받을 수 있습니다.

달빛어린이병원

'달빛어린이병원'은 만 18세 이하의 소아, 청소년이 평일 야간과 토·일요일, 공휴일에도 전문의에게 진료받을 수 있도록 자치 단체가 지정한 의료 기관입니다. 현재 전국에는 73개 병원이 달빛어린이병원으로 지정되어 있습니다. (2024년 3월 기준)

올바른 119 신고 접수 요령 `119`

사고 위치와 상황, 환자 상태 등을 정확하게 전달하면 구급 대원이 현장에 빨리 도착해 곧바로 적절한 응급 처치를 할 수 있습니다. 상담원의 질문에 최대한 침착하게 대답하세요.

❶ **119에 전화한다**
가장 쉬운 방법은 전화 신고입니다. 이외에도 영상 통화, 문자 메시지, '119신고' 앱 등으로 신고할 수 있습니다.

❷ **'응급 상황'이라고 말한다**
화재가 발생하거나 구조가 필요할 때도 119에 신고할 수 있으므로 상담원에게 '응급 상황'이라고 정확하게 말합니다.
> 응급 상황이에요!

❸ **위치를 말한다**
구급차와 구급 대원이 출동할 주소(지번, 도로명)를 알려 주세요. 주소를 모른다면 근처의 큰 건물, 표지판이나 전신주 번호, 교차로 이름 등 표지가 될 만한 것도 좋습니다.
> ○○공원 앞이에요.

❹ **아이의 증상, 나이 등을 설명한다**
누가, 언제, 어떻게 다쳤는지, 현재 어떤 상태인지 등을 빠짐없이 간략하게 설명합니다. 의식 상태, 호흡 유무도 알려 주세요.
> 6세 아이가 바닥에 머리를 부딪쳐서 피가 나요. 지금 의식이 없어요!

❺ **전화를 끊지 말고 구급 대원의 지시를 따른다**
전화를 스피커폰으로 바꾸고 구급 대원의 지시에 따라 응급 처치를 합니다. 구급 대원이 도착할 때까지 아이 곁을 떠나지 마세요.

월어린이교육연구소 어린이를 위한 지식 교양서를 기획하고 집필합니다. 아프가니스탄 난민 어린이 교육 지원, 자연재해 피해를 입은 일본 보육원 지원 등 어린이를 돕는 다양한 사회 활동에도 참여하고 있습니다. 쓴 책으로 《우리 모두 SDGs》, 《나의 첫 사회생활》 등이 있습니다.

가와하라 미즈마루 책과 잡지에 그림을 그리는 일러스트레이터입니다. 웹 페이지와 영화 등의 일러스트 작업에도 참여하고 있습니다. 그린 책으로 《소중해 소중해 나도 너도》, 《소중해 소중해 너의 마음도》 등이 있습니다.

양지연 공공 기관에서 출판·홍보 업무를 담당했으며, 지금은 일본의 다양한 책들을 우리말로 옮기고 있습니다. 옮긴 책으로 《이게 정말 마음일까?》, 《그렇게 그렇게》, 《더우면 벗으면 되지》, 《그 책은》, 《의외로 친해지고 싶은 곤충 도감》, 《추억 수리 공장》 등이 있습니다.

사카모토 마사히코 종합병원 소아과 전문의입니다. 보호자들에게 어린이 질병, 응급 상황 대처·예방법 등 어린이 안전에 관한 정보를 제공하는 프로젝트 '의사 선생님, 가르쳐 주세요!'를 총괄하고 있습니다.

다쳤을 땐 이렇게
척척 응급 처치

초판 1쇄 인쇄 2024년 3월 25일
초판 1쇄 발행 2024년 4월 15일

글 월어린이교육연구소 그림 가와하라 미즈마루 옮김 양지연 감수 사카모토 마사히코
발행인 양원석 발행처 (주)알에이치코리아(등록 2004년 1월 15일 제2-3726호)
본부장 김문정 편집 박진희, 김하나, 정수연, 고한빈 디자인 김태윤, 김민 외주디자인 김세은
해외저작권 임이안, 이시자키 요시코 마케팅 안병배, 이지연, 김연서 제작 문태일, 안성현
주소 서울시 금천구 가산디지털2로 53, 20층(한라시그마밸리)
편집 문의 02-6443-8921 도서 문의 02-6443-8800 홈페이지 rhk.co.kr
블로그 blog.naver.com/randomhouse1 포스트 post.naver.com/junior_rhk
인스타그램 @junior_rhk 페이스북 facebook.com/rhk.co.kr

ISBN 978-89-255-7523-0 77830

- 제조자명 (주)알에이치코리아 | 제조국명 대한민국 | 사용연령 3세 이상
- 종이에 손이 베이거나 모서리에 다치지 않게, 책을 던지거나 떨어뜨리지 않게 주의하세요.
- 잘못 만들어진 책은 구입하신 곳에서 바꾸어 드립니다.
- KC마크는 이 제품이 공통안전기준에 적합하였음을 의미합니다.